नूर की बूंदें

BY

मोहसिन आफ़ताब

ISBN
© मोहसिन आफ़ताब 2020
Published In India 2020 By Pencil

A Brand Of
One Point Six Technologies Pvt. Ltd.
123, Building J2, Shram Seva Premises,
Wadala Truck Terminal, Wadala (E)
Mumbai 400037, Maharashtra, India
E Connect@Thepencilapp.Com
W Www.Thepencilapp.Com

AUTHOR BIOGRAPHY

मोहसिन आफ़ताब केलापुरी हिंदुस्तान के नौजवान उभरते हुए शायर हैं।हिंदुस्तान के अलग अलग शहरों में जा कर अब तक अपना कलाम सुना चुके हैं।इंटरनेट पर भी काफी लोकप्रिय हैं।अपनी शायरी के अलावा अपने खास अंदाज़ ए बयाँ के लिए भी जाने जाते हैं।फिल्मों के लिए गीत भी लिख रहे हैं । एक किताब "अल्फ़ाज़" ऐमज़ॉन पर भी उपलब्ध है।मोहसिन आफ़ताब ने तीन विषयों में एम ए किया है और भी एड भी है ।अभी अपने शहर के कॉलेज में क्लॉक हार बेसिस पर अपनी सेवाएं दे रहे हैं।

Contents

क़ातिल

जल्द बाज़ी

धुन

ज़िंदा लाश

Epigraph

अपने वालिदैन और मेरे करम फ़रमा जनाब ऍड . के . जी . मुत्यालवार
साहब के नाम

Foreword

लचकती शाख़ पे महका हुआ गुलाब बनो।

किसी की आंख में ठहरो किसी का ख़्वाब बनो।

मोहसिन आफ़ताब

Preface

नाम :

मोहसिन आफ़ताब तख़ल्लुस : आफ़ताब असल नाम : मोहसिन ख़ान पोसवाल पिता का नाम : अमीन ख़ान पोसवाल माता का नाम : शबाना परवीन

जन्म तारीख : 15/08/1986

जन्म स्थान : पांढरकवडा

तालुका : केलापुर

ज़िला : यवतमाळ

राज्य : महाराष्ट्रा

देश : भारत

धर्म : इस्लाम

नूर की बूंदें

पता : मस्जिद वार्ड , पांढरकवडा तालुका : केलापुर ज़िला : यवतमाळ महाराष्ट्रा , 445302

विवाह :

3 मई 2010 पत्नी का नाम : नूरजहाँ परवीन संतान : दो बेटे एक बेटी

(1)मुनव्वर मेराज

(2)मोहम्मद हसन

(3) नायरा फ़ातेमा

शिक्षा :

बी.ए (हिंदी माधयम) 2012

बी.ए (उर्दू माध्यम) 2014

बी.एड. 2014

एम.ए. (इतिहास)2016

एम.ए. (उर्दू) 2016

डीसल मेकेनिक कोर्स (2009)

Email : mohsin.aaftab9@gmail.com

Mobile : +917620785795

https://www.facebook.com/mohsinaftabkelapuri

https://rekhta.org/poets/mohsin-aftab-kelapuri/

Introduction

नूर की बूंदें ग़ज़ल एवं कविता संग्रह शायर / कवि मोहसिन आफ़ताब

अज़ीम है तेरा ख़ुदा

अज़ीम है तेरा ख़ुदा , रहीम है तेरा ख़ुदा।

तू उसकी बात मान ले , वो तेरी बात मानेगा।

तू अपने सर को ख़म तो कर

ये आँख अपनी नम तो कर

दुआ को अपने हाथ उठा

उसे तू अपने दुख बता

यक़ीन कर यक़ीन कर

क्यों फिर रहा है दर ब दर

न ऐसे उस से मुंह छुपा

पनाह में तू उसकी आ

तू ज़र्रा ए हक़ीर है

ख़ुदा वो बेनज़ीर है

नूर की बूंदें

सब उसकी दस्तरस में है
ये दुनिया उसके बस में है
तू उस से इल्तजा तो कर
ख़ुदा , ख़ुदा , ख़ुदा तो कर
है तेरा दिल ख़ुदा का घर
तू अपने दिल को पाक कर
गुनाह पे अपने रो कभी
सियाह दिल को धो कभी

वो बख़्श देगा फिर तुझे
तू उसकी बात मान ले

अज़ीम है तेरा ख़ुदा , रहीम है तेरा ख़ुदा।
तू उसकी बात मान ले , वो तेरी बात मानेगा।

1 ग़ज़ल

फ़क़ीरी बादशाही के उसूलों पर नहीं चलती।
ये वो कश्ती है जो पानी की लहरों पर नहीं चलती।

क़लंदर अपनी मर्ज़ी से कहीं भी घूम सकते हैं।
ज़बरदस्ती कीसी की भी हवाओं पर नहीं चलती।

हमारे दिल को हम समझा बुझा लेते मगर भाई।
जो बच्चें ज़िद पे आ जाएँ तो बच्चों पर नहीं चलती।

मियां, सहरा नवर्दी क़ैस के हिस्से में आयी है।
के लैला फूल पे चलती है शोलों पर नहीं चलती।

मुझे मालूम है मुझ को दुआ से काम लेना है।
दवा तो कोई भी अब मेरे ज़ख्मों पर नहीं चलती।

नूर की बूंदें

अदब से पेश आओ ऐ जहाँ वालों दीवानों से।
दीवाने हट गए तो फिर दिवानो पर नहीं चलती।

अभी भी फैसले सारे बड़े बूढ़े ही लेते हैं।
हमारे घर में बच्चों की बुजुर्गों पर नहीं चलती।

बुरे दिन जो हैं मेहमाँ ज़िंदगी में चार दिन के हैं।
हुकूमत देर तक शब् की उजालों पर नहीं चलती।

जो चलती है तो बस रब की ही चलती है जहां वालों।
किसी की भी मोहम्मद के गुलामों पर नहीं चलती।

तो हम सब साथ होते खुश भी होते थे बहोत"मोहसिन"।
सियासत की अगर तलवार रिश्तों पर नहीं चलती।

2 ग़ज़ल

कुछ नया काम नए तौर से करने के लिए।
लोग मौका ही नहीं देते सुधरने के लिए।

जाओ जा कर के ग़रीबों के दिलों में झाँको।
कितनी बेचैन तमन्नाएँ हैं मरने के लिए।

उस पे मरते होतो फिर दुन्या की परवा कैसी।
इश्क़ होता है मियाँ हद से गुज़रने के लिए।

कोई आसानी से फ़नकार नहीं बनता है।
मुद्दतें चाहिए इक फ़न को निखरने के लिए।

मुंह उठा कर के फिर आई है ये तौबा तौबा।
शब् जुदाई की मेरे घर में ठहरने के लिए।

किसी दोशीज़ा की ज़ुल्फ़ें ये नहीं किस्मत है।
वक़्त लगता है बहोत इसको संवरने के लिए।

आज इस बात का अहसास हुआ है मुझ को।
ख़्वाब मोहसिन थे मेरे सिर्फ बिखरने के लिए।

3 ग़ज़ल

मुद्दत से जो बंद पड़ा था आज वो कमरा खोल दिया।
मैं ने तेरे सामने दिल का कच्चा चिट्ठा खोल दिया।

मुझ से लड़ने वाले सारे मैदाँ छोड़ के भाग गए।
ले कर इक तलवार जो मैं ने अपना सीना खोल दिया।

फूल समझ कर तितली भँवरे उस पे आकर बैठ गए।
बाग़ में जा कर जूं ही उसने अपना चेहरा खोल दिया।

सारे कामो को निपटा कर आधी रात में सोई थी।
भोर भये फिर उठ कर अम्मा ने दरवाज़ा खोल दिया।

मुझ को देख के मेरा जुमला जुं ही उसको याद आया।
उसने जो बाँधा था वो बालों का जुड़ा खोल दिया।

4 ग़ज़ल

फसादों से उख़ुवत की जड़ें कमज़ोर होती हैं।
बग़ावत से हुकूमत की जड़ें कमज़ोर होती हैं।

गिले,शिकवे,शिकायत,एक हद तक ठीक है लेकिन।
सिवा हों तो मोहब्बत की जड़ें कमज़ोर होती हैं।

फ़लक से तुम ज़मीं पर आओगे मग़रूर होते ही।
ये मत भूलो के शोहरत की जड़ें कमज़ोर होती हैं।

दुवाएं बे असर होती हैं रीज़्के बद को खाने से।
दिखावे से इबादत की जड़ें कमज़ोर होती हैं।

मुसलसल अश्क का बहना मियाँ अच्छा नहीं होता।
नमी हो तो इमारत की जड़ें कमज़ोर होती हैं।

नूर की बूंदें

ये फ़िक़्क़ा वारीयत अच्छी नहीं होती मेरे भाई।
इसी से ही तो उम्मत की जड़ें कमज़ोर होती हैं।

ये काले कोट वाले जज के जो इन्साफ़ परवर थे।
ईन्ही से अब अदालत की जड़ें कमज़ोर होती हैं।

5 ग़ज़ल

एक आवारा सी परछाई का साया मैं हूँ।
तनहा रहती हुई तन्हाई का साया मैं हूँ।

ग़म के सूरज की तपिश इस को ना छु पाएगी।
अपने मासूम से इक भाई का साया मैं हूँ।

खेलती है जो तेरे जिस्म की शाखों से सदा।
देख मुझ को उसी पुरवाई का साया मैं हूँ।

मैं थकन हूँ तेरी रातों के हंसी लम्हों की।
और तेरे जिस्म की अंगड़ाई का साया मैं हूँ।

हकपरस्तों ने अक़ीदत से मुझे चूमा है।
ये है सच्चाई के सच्चाई का साया मैं हूँ।

6 ग़ज़ल

जिस तरह धुप का रंगत पे असर पड़ता है।
नफ़्स का वैसे इबादत पे असर पड़ता है।

ऐसे मुझ पर भी तेरे ग़म के निशाँ दिखते हैं।
जैसे मौसम का इमारत पे असर पड़ता है।

सिर्फ माहौल से फिकरें नहीं बदला करतीं।
दोस्तों का भी तबीअत पे असर पड़ता है।

दुश्मनों से ही नहीं होता है ख़तरा लाहक़।
बाग़ियों से भी हुकूमत पे असर पड़ता है।

अब समझ आया सबब मुझ को मेरी पस्ती का।
मांग घटती है तो क़ीमत पे असर पड़ता है।

नूर की बूंदें

भूक नेकी की लगे या के लगे दुन्या की।
भूक लगती है तो सूरत पे असर पड़ता है।

रिज़्क़ रुकता है नमाज़ों के क़ज़ा करने से।
निय्यतें बद हों तो बरकत पे असर पड़ता है।

साफ़ दिखती है बुढ़ापे में क़ज़ा,सच तो है।
उम्र के साथ बसीरत पे असर पड़ता है।

पास रहने से ही बढ़ती नहीं चाहत"मोहसिन"।
फासलों से भी मोहब्बत पे असर पड़ता है।

7 ग़ज़ल

हमारे दिल में यादों को सलीके से रखा जाए।
के इस कमरे में फूलों को सलीके से रखा जाए।

मसीहाई की फिर कोई ज़रुरत ही नहीं पड़ती।
अगर ज़ख्मों पे अश्कों को सलीके से रखा जाए।

दिलों की हुक्मरानी का ये इक अच्छा तरीका है।
हर इक जुमले में लफ़्ज़ों को सलीके से रखा जाए।

अदब है दीन ओ दुन्या है,छुपा है इल्म भी इस में।
मेरे बच्चों किताबों को सलीके से रखा जाए।

तेरा ये घर लगेगा खूबसूरत ए मेरे भाई।
अगर चे सारे रिश्तों को सलीके से रखा जाए।

नूर की बूंदें

वो जाने वाला जाने कौन से पल लौट कर आये।
अभी रस्ते पे आँखों को सलीके से रखा जाए।

बरसती है खुदा की रहमतें इनकी दूवाओ से।
घरों में सब बुजुर्गों को सलीके से रखा जाए।

ग़रीबी देखती रहती है हसरत से खड़ी होकर।
दुकानों में खिलौनों को सलीके से रखा जाए।

पड़ौसी का भी हक़ है तुझ पे इतना याद रख"मोहसिन"
मुंडेरों पर चराग़ों को सलीके से रखा जाए।

8 ग़ज़ल

जिस्म में खूं की रवानी का मज़ा आएगा।
इश्क होते ही जवानी का मज़ा आएगा।

जोश गुफ्तार में कुछ और बढ़ा लो अपने।
तब ही कुछ शोला बयानी का मज़ा आएगा।

आज हम दोनों नहाएंगे बड़ी शिद्दत से।
आज बरसात के पानी का मज़ा आएगा।

बारिशें वक़्त पे खेतों को हरा कर दें तो।
सब किसानों को किसानी का मज़ा आएगा।

आज तो मूड है महफ़िल भी है"मोहसिन"साहब।
आज अंगूर के पानी का मज़ा आएगा।

9 ग़ज़ल

नज़र को भाए जो मंज़र,पहन के निकला है।
वो नूर अपने बदन पर पहन के निकला है।

मैं आईना हूँ मगर पत्थरों से कह देना।
इक आईना है जो पत्थर पहन के निकला है।

वो अपनी आँख की उरयानियत छुपाने को।
हया की आँख पे चादर पहन के निकला है।

छुपा के रखता तो तू भी हवस से बच जाता।
मगर तू हुस्न का ज़ेवर पहन के निकला है।

ज़माना उसको कभी भी डरा नहीं सकता।
खुदा का खौफ जो दिल पर पहन के निकला है।

कुलाह सर पे नहीं मुंसिफ ए ज़माना के।
वो अपने सर पे मेरा सर पहन के निकला है।

10 ग़ज़ल

जो भी शिकवा है गिला है वो बताया भी कर
फ़ोन मैं तुझ को लगाऊँ तो उठाया भी कर

हाँ तेरा हक़ है मोहब्बत की ये इक रस्म भी है
मुझ को तड़पाया भी कर और जलाया भी कर

घर ही घर में ये रहेंगे तो बिगड़ जाएंगे
अपने बच्चों को तू बाज़ार घुमाया भी कर

अपने अहसास के रिश्ते की बक़ा की ख़ातिर
बात सुन भी ले मेरी और सुनाया भी कर

ये नया दौर है इस दौर में सब चलता है
मुझ को मिलने के लिए घर पे बुलाया भी कर

नूर की बूंदें

नाम लिख उसका कभी बहते हुए पानी पर
उसकी तस्वीर हवाओं पे बनाया भी कर

भूल मत तुझ को बनाया है ख़लीफ़ा रब ने
दे अज़ाँ और ज़माने को जगाया भी कर

दर्द हूँ मैं तेरे दिल का तो दवा ढूंढ कोई
अश्क़ हूँ मैं तो निगाहों से बहाया भी कर

मैं तेरे ज़हन में बिखरा हूँ बड़ी मुद्दत से
अपने कमरे की तरह मुझ को सजाया भी कर

है बुजुर्गों से तुझे अपने मोहब्ब्त तो फिर
अपनी औलाद को तहज़ीब सिखाया भी कर

फेसबुक पर ही सदा पोस्ट करेगा मोहसिन??
अपने अशआर ज़माने को सुनाया भी कर

11 ग़ज़ल

हवेली, खेत , कारोबार , पैसा माँग लेते हैं !
बड़े होते ही बच्चे अपना हिस्सा माँग लेते हैं !

बुजुर्गों की दुवाओं का सहारा माँग लेते हैं !
क़दम जब लडखड़ाते हैं तो कांधा माँग लेते हैं !

बड़े फय्याज हो तुम शहर भर में है यही चर्चा!
तो फ़िर हम तुम को ही तुम से सरापा माँग लेते हैं !

नयी नस्लों को ये खानाबदोशी मुंह चिढ़ाएगी!
खुदा से इस लिये हम ईक ठिकाना माँग लेते हैं !

कमी बेटी में भी कोई नहीँ होती मगर, रब से !
बहोत से लोग है ऐसे जो बेटा माँग लेते हैं

तलब करती है कुछ ऐसे मुझे दुनिया भी अऐ मोहसिन !
के बच्चे जिस तरह कोई खिलौना माँग लेते हैं !

12 ग़ज़ल

" बशीर बद्र " की ग़ज़लें सुना रहा था मैं।
कल आसमाँ को ज़मीं पर बुला रहा था मैं।

गुज़र रहा था मैं जब मैकदे की राहों से।
" जिगर " के हाथ से दामन बचा रहा था मैं।

ये बात सब को बताई थी " मिर्ज़ा ग़ालिब " ने।
बहार घर में थी सहरा उड़ा रहा था मैं।

तुम्हारी याद भी चुपके से आ के बैठ गई।
ग़ज़ल जो " मीर " की इक गुनगुना रहा था मैं।

उदास शाम नज़र आई " जॉन " के जैसी।
जब इंतेज़ार में तेरे खड़ा रहा था मैं।

नूर की बूंदें

वो " अमृता " की तरह मुझ से इश्क़ करती थी।
सो अपने आप को " साहिर " बता रहा था मैं।

" फ़राज़ ओ फ़ैज़ " के दिलकश कलाम को पढ़ कर।
मोहब्बतों का तरीक़ा सिखा रहा था मैं।

" मजाज़ " कान में मेरे बता गए आ कर।
के कैसे हुस्न को पागल बना रहा था मैं।

बिछड़ के तुझ से कहाँ ख़ुश था मैं भी ए " शाकिर "।
बस अपनी साँसों से रिश्ता निभा रहा था मैं।

" शकील आज़मी " कहने लगे " परों को खोल "।
जो सुए आसमाँ सर को उठा रहा था मैं।

ये बातों बातों में मुझ को बता गए " तनवीर "।
" कल उसके हाथ का कंगन घुमा रहा था मैं। "

नूर की बूंदें

ख़ुदा से बनती नहीं है तुम्हारी और " फ़य्याज़ "।
तुम्हें ख़ुदा की तरफ़ ही बुला रहा था मैं।

" निदा " ने " शहर में गांव " बसा के रक्खा था।
सो उनसे मिलने उसी गांव जा रहा था मैं।

लिपट के रोने लगे मुझ से " शायर ए मशरिक़ "।
जब उनको क़ौम की हालत बता रहा था मैं।

" ज़फ़र " बताएंगे तुम को या मैं बताऊँगा।
के मुल्क छोड़ के किस तरह जा रहा था मैं।

अजब ही ख़्वाब दिखाई दिया मुझे " मोहसिन "।
कल " आफ़ताब " की मय्यत उठा रहा था मैं।

13 ग़ज़ल

सितारे लफ़्ज़ों के काग़ाज़ पे जब बिखरते हैं।
फ़रिश्ते नूर के आकाश से उतरते हैं।

इन्हें बताओ के अंजाम इनका क्या होगा।
ये बे वक़ूफ़ मेरे साथ जंग करते हैं।

तमाम उम्र लगेगी तुम्हें भुलाने में।
जिगर के ज़ख़्म कहाँ इतनी जल्दी भरते हैं।

तुझे मैं कैसे बताऊँ के तू समझता नहीं।
मेरे ख़याल तेरे ज़िक्र से सँवरते हैं।

अभी भी शहर पे क़ाइम है दबदबा मेरा।
अभी भी लोग मेरा नाम सुन के डरते हैं।

हमारे खूँ में मिलावट का ज़हर है ही नहीं।
जुबाँ जो देदी तो फिर हम नहीं मुकरते हैं।

नूर की बूंदें

14 ग़ज़ल

मेरी फ़रयाद सुनो , आओ बचा लो मुझ को
अपने अंदर ही फँसा हूँ मैं निकालो मुझ को

हक़ बयानी है अगर जुर्म तो फिर ए लोगों
क़त्ल कर दो मेरा नेज़ों पे उछालो मुझ को

दे रहा हूँ मैं ये तकलीफ़ तुम्हें आख़री बार
अपने कांधों पे मेरे बच्चों उठा लो मुझ को

सब को हासिल नहीं होता हूँ मैं आसानी से
मुझ से मिलने की है ख़्वाहिश तो खँगालो मुझ को

मेरी तहज़ीब ये कहती है मुझे रो रो कर
मैं हूँ गिरती हुई दीवार संभालो मुझ को

15 ग़ज़ल

रह के मक्कारों में मक्कार हुई है दुनिया
मेरे दुश्मन की तरफ़दार हुई है दुनिया

पाक दामन थी ये जब तक थी मेरे हुजरे में
छोड़ के मुझ को गुनहगार हुई है दुनिया

ऐन मुमकिन है के बादनाम मुझे भी कर दे
मेरी शोहरत से जो बेज़ार हुई है दुनिया

तू नहीं था तो ये रौनक भी कहाँ थी पहले
तेरे आने से ही गुलज़ार हुई है दुनिया

अपनी पलकों से झटकते हुए कुछ ख़्वाबों को
ले के अंगड़ाईयाँ बेदार हुई है दुनिया

कुछ दिनों से ये ख़बर गूंज रही है मोहसिन
एक शायर की तलबगार हुई है दुनिया

16 ग़ज़ल

दर्द देगी ख़ून के आँसू रुलाएगी मुझे।
ज़िन्दगी तू और किस हद तक सताएगी मुझे।

भूक से बेहाल मैं भी एक दिन हो जाऊँगा।
एक दिन ये बेबसी दर दर फिराएगी मुझे।

मैं चला जाऊंगा जिस दिन आसमानों की तरफ़।
देखना रो रो के ये दुनिया बुलाएगी मुझे।

इक यही तो बात उसकी है मुझे बे हद पसंद।
रूठ जाऊँ मैं तो वो आकर मनाएगी मुझे।

कुछ दिनों के बाद मैं भी ख़ाक ही हो जाऊँगा।
कुछ दिनों के बाद तू भी भूल जाएगी मुझे।

17 ग़ज़ल

ठोकरें खाई हैं , नींदें भी गंवाई मैं ने।
तब कहीं जा के ये पहचान बनाई मैं ने।

मैं ने किस्मत के भरोसे नहीं छोड़ा ख़ुद को।
शोहरतें , मेहनतें कर कर के कमाई मैं ने।

मज़हबी भेड़िये खा जाते तुझे भी , लेकिन।
शुक्र कर दुनिया तेरी जान बचाई मैं ने।

इक दिया जलना ज़रूरी था अंधेरों के बीच।
इस लिए दिल में मेरे आग लगाई मैं ने।

प्यार मैं तुझ से दीवानों की तरह करता हूँ।
इक यही बात फ़क़त तुझ से छुपाई मैं ने।

कैसे दे दूं मैं बता तेरे सवालों का जवाब।
ज़िन्दगी की ही नहीं तेरी पढ़ाई मैं ने।

मेरे बेटे मैं तुझे कैसे बताऊं आख़िर।
कितनी तकलीफ़ तेरी ख़ातिर उठाई मैं ने।

18 ग़ज़ल

तेरे कहने के मुताबिक रंग बदलता ही नहीं।
मेरे सीने में जो पत्थर है पिघलता ही नहीं।

मन्नतें मांगी , दुआएं कीं ,नमाज़े भी पढ़ीं।
पर मेरी मुश्किल का कोई हल निकलता ही नहीं।

इब्न ए आदम हूँ मेरी फितरत में हैं गुस्ताखियाँ।
मैं अगर होता फ़रिश्ता तो मचलता ही नहीं।

अब तुम्हारे हुस्न की आतिश भी ठंडी पड़ गई।
और लहू मेरी रगों में भी उबलता ही नहीं।

वो तो ग़ालिब थे के जो खो आए अपनी आबरू।
मैं अगर होता तो कूचे से निकलता ही नहीं।

19 ग़ज़ल

तान कर सीने को चलने ही नहीं देती मुझे।
बुज़दिली घर से निकलने ही नहीं देती मुझे।

कोशिशें अपनी तरफ से कर के मैं ने देख लीं।
ज़िन्दगी लेकिन संभलने ही नहीं देती मुझे।

होंठ पर ताले लगा कर छीन लेती है क़लम।
ज़हर ए दिल दुनिया उगलने ही नहीं देती मुझे।

सोचता हूँ मैं भी हो जाऊं ज़माने की तरह
पर मेरी फितरत बदलने ही नहीं देती मुझे।

मेरे सीने में जो पत्थर है पिघल जाता मगर।
जो अना मुझ में है जलने ही नहीं देती मुझे।

20 ग़ज़ल

रतजगे करते रहे और लहू थूका है।
हम ने शोहरत का मज़ा यूँ ही नहीं चक्खा है।

मेरे भाई तू कभी मेरी तरह बन न सका।
मुझ को रह रह के इसी बात का दुख होता है।

इक तेरी याद जो इस दिल से भुलाई न गई।
और इक ज़ख़्म ए मोहब्बत जो हरा रहता है।

ख़्वाब दर ख़्वाब ही दिखलायें हैं तू ने मुझ को
इस लिए भी तू निगाहों से मेरी उतरा है।

ये ही कहलाएगा इक रोज़ इमाम ए उषशाक
तेरी दीवार के साए में ये जो बैठा है।

जो नज़र आता है वो है ही नहीं ए मोहसिन।
ये जो दुनिया का तमाशा है ये इक धोका है।

21 ग़ज़ल

अपनी अपनी ही धुन में खो गए हैं
लोग पागल तो नहीं हो गए हैं

मेरी मय्यत पे आने वाले लोग
रोने आए थे आ के रो गए हैं

कर गए हैं जो गिबतें मेरी
मेरे सारे गुनाह धो गए हैं

इक मेरी आँख में ही नींद नहीं
चाँद तारे भी थक के सो गए हैं

ज़ख्म ही ज़ख्म उग रहें हैं बस
दर्द वो कैसा दिल में बो गए हैं

22 ग़ज़ल

घर के ताक़ों में चराग़ों को सजाते रहना
रात भर जान अंधेरों की जलाते रहना

फ़र्ज़ अल्लाह ने ये काम किया है तुम पर
राह भटके हुए लोगों को दिखाते रहना

कल मेरी आँख से बहते हुए अश्कों ने कहा
ख़्वाब के बोझ को पलकों से उठाते रहना

मुझ को मालूम है ज़ालिम ये तेरी आदत है
शाख़ पे बैठे परिंदों को उड़ाते रहना

चाँद तारों को कुचलने की अगर ख़्वाहिश है
आसमानों की तरफ़ पांव बढ़ाते रहना

पैरवी क़ैस की करते हो तो फिर ए मोहसिन

ख़ाक तपते हुए सहरा की उड़ाते रहना

23 ग़ज़ल

भूक बढ़ती है तो घर बेच के खा जाते हैं ।
पगड़ियों वाले भी सर बेच के खा जाते हैं।

मैं ने इस ख़्वाब की नगरी में यही देखा है
लोग आते हैं हुनर बेच के खा जाते हैं।

किस को दिखता है तेरे शहर में भूका नंगा।
सब यहाँ अपनी नज़र बेच के खा जाते हैं।

ख़्वाब सूरज का दिखाते हैं मुझे लोग मगर
मेरी आँखों से सहर बेच के खा जाते हैं।

जब कोई भी नहीं सुनता है सदाएँ मोहसिन।
लोग फिर लखत ए जिगर बेच के खा जाते हैं।

24 ग़ज़ल

मैं ने ये जब सुना तो मेरा दिल दहल गया।
सूरज का जिस्म आग की लपटों से जल गया।

मौसम ने ऐसी आग लगाई थी रात में।
मेरे बदन में खून था जितना उबल गया।

सूखे लबों की प्यास बुझाने के वास्ते।
कल रात चाँद बर्फ की तरह पिघल गया।

मंज़र अजब ये देख के हैरत ज़दा हैं फूल।
शबनम का पाँव धूप की शिद्दत से जल गया।

ताबीर की हथेलियाँ पीली न हो सकीं।
इक ख़ौफ़ मेरे ख़्वाब के सर को कुचल गया।

नूर की बूंदें

परछाइयों ने अक्स के कपड़े पहन लिए।
आईना जब से संग के पैकर में ढल गया।

कैसे बताएं तुझ को के तेरी तलाश में।
साया हमारे जिस्म का पैदल निकल गया।

होंटों से तेरे लफ़्ज़ों के बादल बरस गए।
खामोशियों का दश्त ए सुकूँ था जो जल गया।

जलते हुए चराग़ पे जूँ ही नज़र पड़ी।
कुछ सरफिरी हवाओं का लहजा बदल गया।

25 ग़ज़ल

आग सीने में बड़ी तेज़ जला रख्खी है।
मेरी शोहरत ने तेरी नींद उड़ा रख्खी है।

शहर में जब से हवा चलने लगी है मेरी।
मेरे दुश्मन ने उछल कूद मचा रख्खी है।

लुट गया जो भी बुजुर्गों से मिला था हम को
सर पे दस्तार मगर अब भी सजा रख्खी है।

ग़ैर मुमकिन है मुझे कोई बला छु जाए।
माँ के हाथों ने मेरे सर पे दुआ रख्खी है।

ठोकरों में तुझे रखते हैं ख़ुदा वाले , मगर
हम ने ए दुनिया तेरी लाज बचा रख्खी है।

26 ग़ज़ल

थकी थकी सी उमीदों के बाब खुलने लगे
तुम्हारे लब जो हिले तो जवाब खुलने लगे

तुम्हें ये कैसे बताएं तुम्हारे जाते ही
तुम्हारे हिज्र के हम पर अज़ाब खुलने लगे

निकल के आएं हैं बाहर छुपे हुए दरया
हमारी प्यास थी ऐसी सराब खुलने लगे

हमारी नींद को जिस दिन से तुम ने क़ैद किया
हमारी आंखों में जितने थे ख़्वाब , खुलने लगे

ज़रा ज़रा सी ही लहजे में आई बेबाकी
ज़रा ज़रा ही सही पर जनाब खुलने लगे

तुम्हारे हुस्न के जादू का ये करिश्मा है
जो चुप से रहते थे वो आफ़ताब खुलने लगे

27 ग़ज़ल

मेरे बच्चे बड़े होने लगे हैं।
के ये पौदे बड़े होने लगे हैं।

यहाँ जाहिल को सरदारी मिली है।
यहाँ बौने बड़े होने लगे हैं।

चले जाओ यहाँ से जाँ बचा कर।
यहाँ दंगे बड़े होने लगे हैं।

बढ़ी है जब से मेरी ज़िम्मेदारी।
मेरे हिस्से बड़े होने लगे हैं।

इधर बन आयी है जाँ पर हमारी।
उधर नखरे बड़े होने लगे हैं।

तू "मोहसिन" कर रहा है आज कल क्या?
तेरे चरचे बड़े होने लगे हौं।

28 ग़ज़ल

मेरा जो ना हुआ,तेरा हुआ है।
चलो जो भी हुआ अच्छा हुआ है।

क़द आवर शख़्सीयत ये याद रख्खें।
ज़मीं से आसमां चिपका हुआ है।

अभी धड़कन मेरी टहरी हुई है।
अभी ये दिल मेरा सहमा हुआ है।

क़ज़ा बस इस लिए तडपा रही है।
कहीं कोई है जो रूठा हुआ है।

इताअत इस की तुम पर लाज़मी है।
पयम्बर ये मेरा भेजा हुआ है।

नूर की बूंदें

ज़मीं पर चार सु है इल्म जिसका।
खुदा वो अर्श पर बैठा हुआ है।

वो आयेंगे तो फिर तरतीब देंगे।
मेरा कमरा अभी बिखरा हुआ है।

29 ग़ज़ल

जब मैं तुम से दूर नहीं था।
इतना भी मजबूर नहीं था!!!

क्या मिलती बाज़ार में कीमत???
आँसू....कोहेनूर नहीं था......

आवारा थी किस्मत मेरी.
घर इसको मंज़ूर नहीं था।

तनहा कैसे लड़ता सब से???
वो शेर ए मैसूर नहीं था!!!

वरना सब कुछ छोड़ के आती.
इश्क़ तुझे भरपूर नहीं था.

नूर की बूंदें

बोझ न सह पाया फिर दिल क्यों??
ग़म था....कोह ए तूर नहीं था!!!

जो भी था वो शहर था अच्छा।
लेकिन केलापूर नहीं था।

मेरा शहर था अम्र का पैकर।
जो उनको मंज़ूर नहीं था।

मोहसिन निकला कल मसजिद से!!!
नश्शे में तो चूर नहीं था???

30 ग़ज़ल

तो फिर मैं ज़िंदगी की जंग भी हारा नहीं होता।
मेरे बेटों में गर मेरा ही बटवारा नहीं होता।

तो मुझ को मौत अपने साथ कब का ले गई होती।
अगर जीने का मेरे दिल में ही जज़्बा नहीं होता।

हमें बद्ज़न तू कर जाता अगर अपने तआल्लुक से।
तो होता ग़म तेरे जाने का पर इतना नहीं होता।

मोहल्ले हम अगर आपस में जो तकसीम ना करते।
सियासत का हमारे शहर पर कब्ज़ा नहीं होता।

अमीर ए शहर को जा कर कोई ये बात समझाए।
अदब से बात करने में कोई छोटा नहीं होता।

नूर की बूंदें

भला उस घर में फिर अल्लाह की रहमत कहाँ से हो।
बड़े बूढ़ों के रहने को जहाँ कमरा नहीं होता।

मोहब्बत दोस्तों सब को बा आसानी अगर मिलती।
कोई मजनूं नहीं होता कोई रांझा नहीं होता।

तो ये बच्चा भी उनिफार्म में इस्कूल ही जाता।
जो ये बच्चा किसी मज़दूर का बीटा नहीं होता।

क्यों आखिर मसअला कश्मीर का तुम हल नहीं करते।
क्यों आखिर ज़ख्म मेरे मुल्क का अच्छा नहीं होता।

समझदारी दिखाते हम अगर रिश्ते निभाने में।
ज़रा सी बात पर अपना कभी झगडा नहीं होता।

मसाइल ने मेरे रुख से ऐ मोहसिन रौनकें छीनी।
वगरना मैं जवानी में कभी बूढा नहीं होता।

31 ग़ज़ल

मेरा वजूद बिखरने के बाद सोचेंगे।
वो मेरे बारे में मरने के बाद सोचेंगे।

ख़सारा कितना हुवा इश्क़ की तिजारत में।
ये बात हद से गुज़रने के बाद सोचेंगे।

तुम इब्तेदा तो किसी काम की करो पहले।
ग़लत सहीह तो करने के बाद सोचेंगे।

सितारे तोड़ के लाएं या आसमाँ पे रहें।
नसीब अपना सँवरने के बाद सोचेंगे।

हमारे इश्क़ के क़ाबिल है या नहीं है तू।
तेरा गुरूर उतरने के बाद सोचेंगे।

नूर की बूंदें

उजाले बाँध के गठरी में कितने रखने हैं।
सियाह रात से डरने के बाद सोचेंगे।

तुम्हारे हुस्न को तशबिह किस से देनी है।
उमीदें अपनी बिखरने के बाद सोचेंगे।

32 ग़ज़ल

इक दर्द उठा दिन रात , तुम याद बहोत आये।
अश्कों की हुई बरसात , तुम याद बहोत आये।

था चाँद के चेहरे पर बादल का हँसीं घूंघट
तारों से सजी थी रात , तुम याद बहोत आये।

दुशवार हुई मंज़िल , पुरख़ार हुए रस्ते।
छूटा जो तुम्हारा साथ , तुम याद बहोत आये।

इक आग लगी दिल में , और जलने लगे अरमान
फिर जाग उठे जज़्बात , तुम याद बहोत आये।

तुम ही तो मेरी ख़ातिर , दुन्या से झगड़ते थे।
फिर जुल्म हुए मेरे साथ , तुम याद बहोत आये।

नूर की बूंदें

हाथों में तुम्हारा हाथ , हो फिर से तुम्हारा साथ।
मांगी है दुआ दिन रात , तुम याद बहोत आये।

जब हिज्र का मौसम था,जब दिल में मेरे ग़म था
कहनी थी तुम्हे ये बात , तुम याद बहोत आये।

खुशबु के फ़साने थे , कलयों की कहानी थी।
फोंलों की चली थी बात , तुम याद बहोत आये।

फिर बजने लगे नग़मे , रुत आई मिलन की फिर
फिर होने लगी बरसात , तुम याद बहोत आये।

33 ग़ज़ल

धरती अम्बर एक बराबर सोना पीतल इक जैसे।
मेरी आँख से देखो ज़म ज़म और गंगाजल इक जैसे।

जैसी करनी वैसी भरनी अंत भला तो सब ही भला।
सब्र हो चाहे मेहनत हो वो दोनों के फल इक जैसे।

तू है मीरा जैसी तो मैं दोस्त सुदामा जैसा हूँ।
कृष्ण के दोनों दीवाने हैं दोनों पागल इक जैसे।

जिस्म तुम्हारा खुशबु खुशबु जिस से मिलो , हो ,वो ख़ुशबू।
आठ पहर हो महके महके तुम और संदल इक जैसे।

इश्क़ इबादत इश्क़ है पूजा इश्क़ दुआ है इश्क़ सज़ा।
इश्क़ तो है इक आग का दरया इश्क़ और दलदल इक जैसे।

नूर की बूंदें

जुल्फ़ घटाएँ , आँख पयाले , होंट गुलाबों जैसे हैं।
जिस्म धनक के जैसा उसका आँचल बादल इक जैसे।

सिख ईसाई मुस्लिम हिन्दू भारत माँ की औलादें।
लोहनी क्रिसमस ईद दिवाली ख़ुशी के सब पल इक जैसे।

मोहसिन की तक़दीर में लिख्खा है जब दर दर फिरना तो।
गाँव शहर भी इक जैसे हैं सेहरा जंगल इक जैसे।

34 ग़ज़ल

फटा कम्बल पहेन कर घूमता था।
मैं कब मख़मल पहेन कर घूमता था।

मैं जब रहता था चौथे आसमाँ पर।
तो इक बादल पहेन कर घूमता था।

सरापा जिस्म ही खुशबु था उसका।
या वो संदल पहेन कर घूमता था।

वो अपने वक़्त का सुलतान था पर।
फटी चप्पल पहेन कर घूमता था।

दुखों से दूर था,अए माँ,मैं जब तक।
तेरा आँचल पहेन कर घूमता था।

नूर की बूंदें

फटे कपड़ों में ये जो फिर रहा है।
कभी मख़मल पहेन कर घूमता था।

वही!!जिसकी उतारी तूने इज़्ज़त।
तुझे हर पल पहेन कर घूमता था।

तुम इक दो जाम से इतरा रहे हो।
मैं तो बोतल पहेन कर घूमता था।

तू सहरा खुद पे ओढ़े फिर रही थी।
तो मैं जंगल पहेन कर घूमता था।

वो,जो सच्चाई का पैकर है"मोहसिन"!
फरेब ओ छल पहेन कर घूमता था।

35 ग़ज़ल

इतनी आसानी से फंदे में नहीं आएगी।
तेरी किस्मत तेरे क़ब्ज़े में नहीं आएगी।

इसको किरदार में तुम अपने सजा कर रख्खो।
ये शराफत है ये बटवे में नहीं आएगी।

एहतेराम अपने बड़ों का न करेगा कैसे।
मेरी आदत मेरे बेटे में नहीं आएगी??!!

घर से निकलो तो दुआ घर के बड़ों से ले लो।
फिर बला कोई भी रस्ते में नहीं आएगी।

हक़ बयानी मेरे पुरखों की है दौलत ए रक़ीब।
ये विरासत तेरे हिस्से में नहीं आएगी।

गोलियाँ खा ले दवाख़ाने बदल ले मोहसिन।

ज़िन्दगी अब तेरे झांसे में नहीं आएगी।

36 ग़ज़ल

मैं गदागर हूँ तू सुलतान बना ले मुझ को।
घर में इक रात का मेहमान बना ले मुझ को।

फिर सजा लेना अंगूठी में मुझे तू अपनी।
पहले याकूत या मरजान बना ले मुझ को।

तेरी अज़मत से चमक उट्ठेगी औकात मेरी।
इक सहीफ़ा है तू जुज़दान बना ले मुझ को।

क़र्ज़ फिर इसका किसी तौर चूका ना पाये।
खुद पे इक ऐसा तू अहसान बना ले मुझ को

फिर जुदा हम को जहाँ वाले न कर पाएंगे।
ओढ़ ले जिस्म पे शिरयान बना ले मुझ को।

नूर की बूंदें

तुझ को दुशवार अगर लगता है मेरा मिलना।
तो दुवा कर के फिर आसान बना ले मुझ को।

पहले तू कर तो सही कोई क़यामत बरपा।
बाद फिर हश्र का मैदान बना ले मुझ को।

मैं तो पत्थर था तेरे दर पे भी रह सकता था।
कब कहा मैं ने के भगवान् बना ले मुझ को।

किस लिए कहते हो अशआर उसी के"मोहसिन"।
उस ने बोला था के दीवान बना ले मुझ को???

37 ग़ज़ल

ज़रा करीब तुम आओ तो बात आगे बढ़े।
के फासलों को मिटाओ तो बात आगे बढ़े।

लपेट कर के दुपट्टे का कोना ऊँगली में
हया से आँखें झुकाओ तो बात आगे बढ़े।

यूँ छुप छुपा के भला देखने से क्या हासिल।
नज़र नज़र से मिलाओ तो बात आगे बढे।

क्यों हम को देख के रुख पर नक़ाब डालो हो।
हमें भी जलवा दिखाओ तो बात आगे बढे।

ये माना हम ने के अनजान हैं अभी हम तुम।
हमें तुम अपना बनाओ तो बात आगे बढ़े।

38 ग़ज़ल

सारे बे-रंग मकानों को नया रंग दिया।
हम ने बोसीदा ख़यालों को नया रंग दिया।

हम ने हर रोज़ अंधेरों पे सियाही पोती।
हम ने हर रोज़ उजालों को नया रंग दिया।

हम ने ही राह दिखाई है तुझे मंज़िल की।
हम ने ही तेरे इरादों को नया रंग दिया।

आप के दिल में जगाई है मोहब्बत हम ने।
हम ने ही आप के ख़्वाबों को नया रंग दिया।

अपने होंटों के धनक रख के तेरे होंटों पर।
हम ने कल शब् तेरे होंटों को नया रंग दिया।

नूर की बूंदें

हम ने खुद राह में अपनी ही बिछा कर कांटें।
अपने इन पाऊं के छालों को नया रंग दिया।

अपने हाथों से लहू दिल का लगा कर हम ने।
तेरी तसवीर के रंगों को नया रंग दिया।

ख़ाक उड़ाई है तेरे हिज़्र में हर दिन हम ने।
और रोते हुए रातों को नया रंग दिया।

वरना बे नूर पड़े रहते किसी कोने में।
शुक्र उसका , के सितारों को नया रंग दिया।

हम ने ही शेर को मफ़हूम नए बख़्शे हैं।
हम ने ही देख लो ग़ज़लों को नया रंग दिया।

39 ग़ज़ल

उदास शाम सा,खाली गिलास की सूरत।
बिछड़ के तुझ से हुवा मैं कपास की सूरत।

बहोत ही जल्द वो मुझ को उतार फैंकेगा।
के उस ने पहना है मुझ को लिबास की सूरत।

मैं उस के वास्ते रस्ते का एक काँटा हूँ।
वो मेरे वास्ते लेकिन है आस की सूरत।

इसी लिए ही बिछड़ कर मैं हो गया आधा।
वो मेरे जिस्म पे रहता था मास की सूरत।

वो मैं ही हूँ,के जो अब उनको ज़हर लगता हूँ!!!
वो मैं ही था,के जो लब पर था प्यास की सूरत।

फलक पे मैं ही तो बखरा हुवा हूँ ए मोहसिन
ज़मी पे फैला हुवा हूँ मैं घास की सूरत।

40 ग़ज़ल

पाओं की धूल को दस्तार से लड़ना होगा।
अब ग़रीबों को भी ज़रदार से लड़ना होगा।

जंग तो जीत गया हूँ मैं जहाँ वालों से।
अब मुझे अपने ही घर बार से लड़ना होगा।

गर बसानी है मोहब्बत की नयी दुन्या तो।
ऐ दीवानों तुम्हें संसार से लड़ना होगा।

क्या ख़बर थी,के घडी भर के सुकूँ की ख़ातिर।
धुप में साया ऐ दीवार से लड़ना होगा।

मात खाएंगे जो मैदां से हटेंगे पीछे।
अब हमें जज़्बा ऐ ईसार से लड़ना होगा।

नूर की बूंदें

हम ने आपस में लड़ाई तो बहोत कर ली है।

अब हमें मुल्क के ग़द्दार से लड़ना होगा।

जंग दुश्मन से नहीं अपने लहू से हो तो।

तीर ओ तलवार नहीं,प्यार से लड़ना होगा।

रूह को जिस्म से आज़ाद अगर होना है।

हर घडी साँसों की तलवार से लड़ना होगा।

41 ग़ज़ल

जुल्म के हाथ से तलवार गिरानी होगी।
अब तो कुछ भी हो ये सरकार गिरानी होगी।

तोडना होगा तकब्बुर ये तेरा अब हम को।
तेरे सर से तेरी दस्तार गिरानी होगी।

जिसकी तामीर ने रिश्तों के किये हैं टुकड़े।
आज नफरत की वो दिवार गिरानी होगी।

ख़ुद को इस दौर के बाज़ार में रखने के लिए।
आज फिर कीमत ए बाज़ार गिरानी होगी।

धड़कने तुझ को पुकारे ना इसी की ख़ातिर।
दिल की मस्जिद की ये मीनार गिरानी होगी।

ज़ख्म,मरहम से ही अच्छे नहीं होते"मोहसिन"।

इन पे अश्कों की भी बौछार गिरानी होगी।

42 ग़ज़ल

वफ़ा का दर्द ज़बाँ से बयाँ नहीं होता।
ये ऐसी आग है जिस का धुँआ नहीं होता।

बस एक दर्द सा महसूस होता रहता है।
नज़र की चोट का दिल पे निशाँ नहीं होता।

सफ़र ये हिज्र का कटता न जाने फिर कैसे।
तुम्हारी याद का गर सायबाँ नही होता।

हमीं ने खून से लिखि है दासतान ए चमन।
पर आज इस में ही अपना बयाँ नहीं होता।

43 ग़ज़ल

इनकेसारि में गुज़ारा तो नहीं होता है।
इस बिमारी में गुज़ारा तो नहीं होता है।

मुझ को दुन्या की तलब है तो नहीं पर साहब।
इस ग़रीबी में गुज़ारा तो नहीं होता है।

ज़िंदा रहना है तो हक़ के लिए लड़ना सीखो।
आहो ज़ारी में गुज़ारा तो नहीं होता है।

ऐसी बस्ती के जहाँ प्यार नहीं नफरत हो।
वैसी बस्ती में गुज़ारा तो नहीं होता है।

मेरा हो जाएगा लेकिन मेरे पूरे घर का।
एक रोटी में गुज़ारा तो नहीं होता है।

चाहिए और भी सामान ए हयात ऐ मोहसिन।
सिर्फ झुग्गी में गुज़ारा तो नहीं होता है।

44 ग़ज़ल

मेरे अज़ीज़ तुम्हारी दुवा से ज़िंदा हूँ।
ये किस ने बोल दिया मैं दवा से ज़िंदा हूँ।

ये हादसात मेरे हौसले बढ़ाते हैं।
मैं मुश्किलों से ग़मों बला से ज़िंदा हूँ।

बुलाएगा जो मुझे तू तो लौट आऊंगा।
मेरे ख़ुदा, मैं तेरी ही रज़ा से ज़िंदा हूँ।

ख़ुलूस, प्यार, मोहब्बत, वफ़ा, रवादारी।
मैं तेरे शहर की आबो हवा से ज़िंदा हूँ।

शराब बोल के तौहीन इस की मत कीजे।
मैं मुद्दतों से इसी इक दवा से ज़िंदा हूँ।

45 ग़ज़ल

जूनून ओ शौक़ का अलबम समेट रखता हूँ।
मैं अपने दिल में तेरा ग़म समेट रखता हूँ।

बस एक तेरी तमन्ना में दम निकलता है।
बस एक तेरे लिए दम समेट रखता हूँ।

बयान किस से करूँ मैं के अपने सीने में।
गुज़रते वक़्त का मातम समेट रखता हूँ

ये बोलते हैं सभी मेरे फन के बारे में।
मैं गुल के जिस्म पे शबनम समेट रखता हूँ।

जो मेरी आँख से निकले हैं अश्क की सूरत।
मैं कागज़ों पे वो नीलम समेट रखता हूँ।

जिगर के ज़ख्म पे "मोहसिन" मैं उनकी यादों का
ये देखो आज भी मरहम समेट रखता हूँ।

46 ग़ज़ल

मैं अपने घर में तनहा हो गया हूँ।
सबब ये है, मैं बूढ़ा हो गया हूँ।

मकाँ जैसे पुराना हो गया हूँ।
मैं खुद अपना ही मलबा हो गया हूँ।

बड़ा जिस दिन से बेटा हो गया है।
ये लगता है मैं छोटा हो गया हूँ।

तू मेरा हो या चाहे ना हो लेकिन।
मैं दिल और जाँ से तेरा हो गया हूँ

उधर चेहरे से शोखी उड़ गई है।
इधर मैं भी तो बूढा हो गया हूँ।

वो मेरे ग़म में पागल हो गई है।
मैं उसके ग़म में आधा हो गया हूँ।

तेरी क़ुर्बत का ही शायद असर है।
मैं बिलकुल तेरे जैसा हो गया हूँ।

47 ग़ज़ल

ज़र्द पत्ते हैं तो शाखों से गिरा दे हम को।
बे अदब हैं तो निगाहों से गिरा दे हम को।

हम जो सेहरा हैं तो सेहरा को तू वुसअत दे दे।
हम नदी हैं तो पहाड़ों से गिरा दे हम को।

हम जो मीना हैं तो फिर हम को लगा होंटो से।
खाली सागार हैं तो हाथों से गिरा दे हम को।

हम जो खुशबु हैं तो फिर रहने दे हम को कायम।
हम जो शबनम हैं तो फूलों से गिरा दे हम को।

इक सहीफ़ा हैं तो फिर चूम कभी आँखों से।
हम जो आँसू हैं तो पलकों से गिरा दे हम को।

हम पे इलज़ाम नया धर के तू रुसवा कर दे।
और फिर अपनी ही नज़रो से गिरा दे हम को।

हम के इक पेड़ की सूरत हैं खड़े ऐ "मोहसिन"।
बोल रब से , के हवाओं से गिरा दे हम को।

48 ग़ज़ल

हम अपने दिल में यु ग़म का पिटारा बाँध लेते हैं।
मुजाहिद जिस तरह सर पर अमामा बाँध लेते हैं।

समा जाता है जिस तरहा समंदर सीप के अंदर।
उसी अंदाज़ में हम शेर अपना बाँध लेते है।

ख़फा वो हम से होते हैं तो उस की ये अलामत है।
दरीचों और दरवाज़ों पे पर्दा बाँध लेते हैं।

हमें मरहम की फिर कोई ज़रुरत ही नहीं पड़ती।
के जब ज़ख्मो पे हम तेरा दुपट्टा बाँध लेते हैं।

बहोत से ख़्वाब ऐसे थे जो इन आँखों में टूटे हैं।
अब इन आँखों में उन ख़्वाबों का मलबा बाँध लेते हैं।

तेरा हुस्ने मुजस्सम हम ने देखा तो नहीं लेकिन।
निगाहों में हम अपनी तेरा नक़्शा बाँध लेते हैं।

हम इस्टेशन पे उस को अलविदा कहतें तो हैं लेकिन।
हम अपनी आँख में अश्कों का दरया बाँध लेते हैं।

महारत फिर मुझे फन पर मेरे महसूस होती है।
मेरे मिसरे पे जब उस्ताद मिसरा बाँध लेते हैं।

उम्मीदें बाँध लेता है मेरा दिल भी कुछ इस तरह।
के "मोहसिन"जिस तरह बच्चे घरोंदा बाँध लेते हैं।

49 ग़ज़ल

बज़ाहिर खुश हूँ मैं, हँसता हुवा हूँ।
पर अन्दर से बहोत टूटा हुवा हूँ।

ज़माने से नहीं है कोई शिकवा।
मैं अपने आप से रूठा हुवा हूँ।

मुक़द्दर में मेरे विरानियाँ हैं।
मैं इक सेहरा हूँ सो उजड़ा हुवा हूँ।

मोहब्बत की नज़र से देख मुझ को।
तेरी पलकों पे मैं ठहरा हुवा हूँ।

तेरी बरहम लटें सुलझाऊं कैसे?
मैं खुद में ही बहोत उलझा हुवा हूँ।

नूर की बूंदें

मुझे आग़ोश में ऐ मौत ले ले।
मैं बच्चे की तरह सहमा हुवा हूँ।

समंदर हो गया मैं रोते रोते।
तुझे लगता है मैं दरया हुवा हूँ।

जहाँ भर में मुझे क्यों खोजता है।
तेरे दिल में ही मैं बैठा हुवा हूँ।

मेरी तखलीक़ मेरा रब करेगा।
अभी मैं चार सु बिखरा हुवा हूँ।

तुझे दिल में मुझे रखना था लेकिन।
मैं तेरी ताक़ में रख्खा हुवा हूँ।

मेरी वुसअत का पैमाना नहीं है।
मैं ता हद्दे नज़र फैला हुवा हूँ।

नूर की बूंदें

मुझे आज़ाद ना समझे ज़माना।
मैं अपने जिस्म में बाँधा हुवा हूँ।

मोहब्बत का सहीफा हूँ मैं लेकिन।
मैं कूड़े दान में फेंका हुवा हूँ।

मेरी क़िस्मत में तू लिख्खा हुवा है।
तेरी क़िस्मत में मैं लिख्खा हुवा हूँ।

मेरी दुशवारियाँ आसान कर दे।
मैं तेरी चाह में निकला हुवा हूँ।

50 ग़ज़ल

बादशाहों से वज़ीरों से नहीं मांगते हैं।
मांगने वाले ग़रीबों से नहीं मांगते हैं।

हम के अल्लाह के बन्दे हैं गुलामान ए रसूल(स)
हम किसी तौर पे बन्दों से नहीं मांगते हैं।

हौसला मंद दिए हैं जो उजाला देंगे।
रौशनी बुझते चरागों से नहीं मांगते हैं।

ए मुसाफिर क्या तुझे इल्म नहीं है इसका।
छाँव सूखे हुए पेड़ों से नहीं मांगते हैं।

इनकी मजबूरी निगाहों से बयाँ होती है।
जो हैं खुद्दार वो होंटो से नहीं मांगते हैं।

51 ग़ज़ल

सियाह रात गुलाबी गुलाबी हो जाए।
वो चाँद अगर मेरे पहलु में आ के सो जाए।

मैं आसमाँ से हमेशा दुआएं मांगता हूं।
मेरी ज़मीं पे भी कोई सितारे बो जाए।

वो जिस्म नूर का यूँही नहीं महकता है।
हवाएं आ के उसे खुशबुओं से धो जाए।

हर एक चीज़ से टपकेंगी नूर की बूंदे।
ताजल्लियों की जो बारिश कहीं पे हो जाए।

ख़ुदा ने हुस्न को बख़्शी है उनके ऐसी कशिश।
जो उनको देख ले जलवों में उनके खो जाए।

52 ग़ज़ल

चराग़ ए जिस्म बुझा है , बुझे नहीं हैं हम
ज़माने वालों से कह दो , मरे नहीं हैं हम

ये बात सच है के हम ने मकान बदला है
दिलों से आज भी लेकिन गए नहीं हैं हम

ग़लत जो बात है उसको ग़लत ही कहते हैं
तुम्हारी तरह तो अब तक हुए नहीं हैं हम

अभी से जश्न मनाने लगे हैं क्यों सब लोग
अभी तो जान से अपनी गए नहीं हैं हम

क़ुबूल तेरी दुआएँ इसी लिए न हुईं
तेरे नसीब में शायद लिखे नहीं हैं हम

हम आफ़ताब हैं फूंको से क्या बुझाते हो
किसी चराग़ की सूरत जले नहीं हैं हम

नूर की बूंदें

53 ग़ज़ल

दिल से निकली हुई सदाएँ हैं।
भीगी पलकों पे कुछ दुआएँ हैं।

ये जो जलती हुई चिताएँ हैं।
आखरिश किस की ये ख़ताएँ हैं।

इक तरफ पुर सुकून औलादें।
इक तरफ बे क़रार माएँ हैं।

मैं न जीता हूँ और न मरता हूँ।
मेरे कर्मों की ये सज़ाएँ हैं।

ज़िन्दगी को घटा रही है मेरी।
ज़ह्र है या मेरी दवाएँ हैं।

हर तरफ है लहू लहू मोहसिन।
और धुवाँ ही धुवाँ फजाएँ हैं।

54 ग़ज़ल

तू मोहब्बत से अगर साफ मुकर जाएगा
रोते रोते तेरा आशिक़ यूँही मर जाएगा

इस लिए रक्खे हैं सब आईने अंधे कर के
देख लेगा वो अगर ख़ुद को तो डर जाएगा

कोई तरकीब नई सोच अगर जीना है
सांस ही लेता रहेगा तो तू मर जाएगा

अपने सीने से मेरा दिल भी लगा कर रख ले
ये तेरे पास रहेगा तो सुधर जाएगा

सर को काँधे पे तेरे रख के मुझे रोने दे
बोझ सीने से मेरे ग़म का उतर जाएगा

वुसअतें दे के ख़यालों को बढ़ा ले मेयार

ख़ुद में सिमटा ही रहेगा तो बिखर जाएगा

चुप रहूंगा तो मेरी रूह भी मर जाएगी

सच बताया तो मेरे शानों से सर जाएगा

आज की रात भी गर नींद न आई मोहसिन

ख़्वाब उस का मेरे बिस्तर पे ही मर जाएगा

55 ग़ज़ल

चल अँधेरे के मुंह को काला कर
खिड़कियाँ खोल दे उजाला कर

इक ना एक दिन तो काम आएंगे
आस्तीनों में सांप पाला कर

दे मिसालों में सब तेरी ही मिसाल
काम ऐसा कोई निराला कर

गुफ़्तगू कर बड़े सलीके से
गिरते मेयार को संभाला कर

चाँद छत पर उदास बैठा है
घर से बाहर उसे निकाला कर

शायर नज़्म

शायर

झूठे शाइर ये ग़ौर से सुन लें।
शायरी सब के बस की बात नहीं
ये वो इल्हाम है के जिस के लिए
रब ही चुनता है अपने बंदों में
ऐसे बंदों को जिन के सीने में
दर्द होता है सारे आलम का
जो मोहब्बत की बात करते हैं।
जो उख़ूवत की बात करते हैं।
जो सदाक़त की बात करते हैं।
ज़ुल्म के सामने खड़े हो कर,
जो बग़ावत की बात करते हैं।

नूर की बूंदें

मुफ़लिसों और ग़म के मारों की
जो हिमायत की बात करते हैं।
ना उमिदि के घुप अंधेरों में
जो दिए आस के जलाते हैं।
बुग़्ज़ रखते नहीं जो सीने में
दुश्मनों को गले लगाते हैं।
सारे आलम में अम्न की ख़ातिर
रात दिन ख़ून ए दिल जलाते हैं।
जिन को शोहरत की आस होती नहीं
जिन को दौलत की आस होती नहीं
शान ओ शौक़त की आस होती नहीं
जो क़लन्दर की तरह जीते हैं।
जो फ़क़ीरों की तरह रह कर भी
बादशाहों की तरह जीते हैं।

झूठे शाइर ये ग़ौर से सुन लें।
शायर ए बे नवा के सीने पर
शेर उतरते हैं आयतो की तरह........

उदास चाँद

आसमाँ पर उदास बैठा चाँद
रात भर तारे गिनता रहता है
चाहता है के झुक के धरती की
चूम ले ये चमकती पेशानी
और हसरत निकाल ले दिल की
कौन समझाए पर दीवाने को
ख्वाहिशें हसरतें जो हैं दिल की
ख्वाहिशें हसरतें ही रहती हैं
ख्वाशों पर चला है बस किस का
हसरतें किस को रास आयीं हैं।

वक़्त

वक़्त बड़ा ज़ालिम है मोहसिन

उम्र को मेरी नोच नोच के खा जाता है

पि जाता है रोज़ तवानाई मेरी

राख मेरे माज़ी की हर दिन

मेरे ही बालों पर लीपता रहता

आँखों में तारीकी झोंकता रहता है

मेरे बदन पे झुर्रियां मलता रहता है

साँसों को दांतों से काटता रहता है

तिल तिल करके मुझको मारता रहता है

वक़्त बड़ा चालाक भी है

आता है कब हाथ किसी के

लेकिन मेरे हाथ लगा तो

इस से इक इक ज़ुल्म का बदला ले लूँगा।
और ख़ुदा के पास इसे पहोंचा दूंगा।

वस्ल

मैं ने तेरी याद का लम्हा बोया था

ख़ून पिलाया था धरती को

दर्द ओ ग़म की खाद भी डाली

मेरे आंसू के सूरज ने

हिज़्र के पौदे को सींचा था

और अब देखो

हिज़्र का पैदा पेड़ बना तो

इस पर वस्ल के फूल और फल आए हैं।

गुज़ारिश

सुनो,

आओ,इधर बैठो.....

हम अपने मसअलों का हल निकालें!!!

तुम्हें जो भी परेशानी है मुझ से

जो तकलीफें हैं

सब खुल कर बताओ,

मगर घर छोड़ के ऐसे न जाओ

मगर घर छोड़ के ऐसे न जाओ.....

रिश्ता

रिश्ता

कल उसने पूछ ही डाला
तुम आख़िर कौन हो मेरे???

हमारे दरमियाँ
जो इक तआल्लुक है
जो रिश्ता है
वो आख़िर कौन सा है???
नाम क्या है???

कुछ बताओगे????

तो मैं ने कह दिया

नूर की बूंदें

रिश्ता वही है दरमियाँ अपने......

जो आँखों का है नींदों से

जो नींदों का है ख़्वाबों से

जो ख़्वाबों का है रातों से

जो रातों का अंधेरों से

अंधेरों का सितारों से

सितारों का फ़लक से है

फ़लक का चाँद सूरज से

जो सूरज चाँद का है इस ज़मीं से

और ज़मीं का पेड़ पौदों से

हवाओं से घटाओं से

घटाओं का बहारों से

बहारों का है फूलों से

जो फूलों का है ख़ुशबू से

जो ख़ुशबू का है भंवरों से

नूर की बूँदें

जो भंवरों का है कलयों से

जो कलयों का है काँटों से

जो काँटों का है शाखों से

जो शाखों का जड़ों से है

जड़ों का है जो मिट्टी से

जो मिट्टी का बशर से है

बशर का जो ख़ुदा से है

ख़ुदा का नेक बन्दों से

और उन बन्दों का ईमाँ से

और ईमाँ का अक़ीदत से

अक़ीदत का मोहब्बत से

मोहब्बत का दिलों से है

वही दिल

जो तेरे सीने में है और मेरे सीने में

मोहब्बत जिस के अंदर है

मिहब्बत का हँसीं रिश्ता वही है दरमियाँ अपने

अब इस रिश्ते को कोई नाम देने की ज़रुरत है????

ख़ामोशी

जाने कितनी आवाज़ों का ख़ून बहा कर

चैन से सोई है कमरे में ख़ामोशी।

अब कोई आवाज़ न करना,

चुप रहना

एक भी हर्फ़ अगर ग़लती से

तेरे लबों से छूट गया

और गिर कर फर्श पे छन से टूट गया तो

तड़प तड़प कर मर जाएगी ख़ामोशी।

मेरी इक नज़्म

मेरी इक नज़्म जो जन्मी है अभी

ज़ेहन की कोख से रोते रोते

जिस को काग़ज़ पे सुलाया है बड़ी मुश्किल से

हाँ ,

वही नज़्म मेरी !!

प्यारी सी , भोली भाली

आओ!!

आकर इसे अच्छा सा कोई नाम तो दो

ताके दुनिया में इसे भी कोई पहचान मिले.....

इलाही रहम कर मुझ पर

इलाही!!!

रहम कर मुझ पर

मेरे सीने में फिर से दर्द उठता है

सुलगता है अलाव की तरह

मेरी पलकों से कुछ उम्मीदें आंसू बन के यूँ झड़ती हैं जैसे सूखे पत्ते

शाख़ से झड़ते हैं पतझड़ में।

मेरे एहसास और जज़्बात बच्चों की तरह रोते बिलकते हैं

मेरे टूटे हुए सपने

निगाहों में यूं चुभते हैं के जैसे काँच चुभता है।

मेरे अरमाँ मेरी आहों की सूरत ले के

इस दिल से निकलते हैं

मेरी कुछ ख़्वाहिशें अब भी मचलती हैं तड़पती है मेरे दिल में के जै

नूर की बूंदें

मछलियां पानी से बाहर आ गई हों।

तनफ्फुस का अमल लगता है यूँ जैसे

के मेरी रूह पर कोड़े कोई बरसा रहा है।

बदन यूँ सर्द है

जैसे लूह नाब्ज़ों में मेरी जम गया है।

मेरी बेचैनियों का ऐसा आलम है के बस तौबा।

इलाही रहम भी कर अब

इलाही रहम भी कर

मुझे भूला हुआ इक शख़्स फिर याद आ रहा है।

मुझे भूला हुआ इक शख़्स फिर याद आ रहा है।

रिश्ते

सूखे पत्तों की तरह टूट के गिर जाते हैं रिश्ते भी अगर इनको मोहब्बत

की तर ओ ताज़ा हवा पानी जो अहसास की मिट्टी में फ़राहम न करें।

हाँ मगर

भूले से जब टूट के गिर जाएँ कभी कुछ रिश्ते

तो फिर अच्छा है के इन रिश्तो को यकजा करके।

वक़्त के जलते सुलगते हुए चूल्हे के हवाले कर दें।

मोहब्बत फिर से करते हैं

चलो...जो भी हुवा जानाँ
उसे हम भूल जाते हैं.....
गिले , शिकवे , शिकायत जो भी है
दिल से मिटा कर हम
नया आग़ाज़ करते हैं
मोहब्बत फिर से करते हैं।

कभी कभी

कभी कभी ये दिल करता है

यादें फिर से ताज़ा कर लूँ

कच्चे ज़ख्मों को फ़िर खुरचूं

चीज़ें फैंकुं , शीशा तोड़ूँ

दीवारों से सर टकराऊँ

घर के इक कोने में छुप कर

ज़ानों पर मैं सर को रख कर

आँखों से आंसू टपकाऊं

आह भरूँ और रोता जाऊँ

रोते रोते तुझ को पुकारूँ

कभी कभी ये दिल करता है

वही पुरानी कीताब खुलूँ
जिस के अंदर तेरा इक ख़त रखा हुआ है।

पिछली रात

रात कमरे में ही भटकती रही

नींद भी बे क़रार थी मेरी

ख़्वाब भी उंघने लगे सारे

मुझ को बिस्तर बुला रहा था बहोत

करवटें देखने लगी रस्ता

और तन्हाई शोर करने लगी

जागते जागते थका मैं भी

और फिर सुबह सुबह आख़िर कार

मैं तेरी याद ओढ़ कर सोया।

मैं उसे रोक न पाया

मैं उसे रोक न पाया ,

वो मुझे छोड़ गया

झड़ती साँसो का उसे मैं ने हवाला भी दिया

सर्द होती हुई नबज़ें भी उसे पकड़ाईं

उसने ख़ाक होते हुये ख्वाहिशें मेरी देखि

मेरे ख़्वाबों का नगर लूटते हुए भी देखा

मेरी आँखों के बरसते हुए बादल देखे

मेरे गालों पे चमकते हुए अश्कों के सितारे देखे

खुश्क होते हुए होंटों को तड़पता देखा

जलती बोझति हुई आँहों ने दुहाई भी दी

मैं ने सौ तरह से चाहा के उसे रोकूँ

मगर

नूर की बूंदें

मैं उसे रोक न पाया
वो मुझे छोड़ गया

कबाड़ ख़ाना

इक दिन अपने कमरे में मैं
बैठा बैठा सोच रहा था।
जितनी हैं बे कार की चीज़ें
सब को आज मैं यकजा करलूं
और कबाड़ी को दे आऊँ।

घर में इक कमरा है जहां पर
बहोत सी चीज़ें पड़ीं हुई हैं।
जिस में
मेरे काम का कुछ भी नहीं है।

इक लाठी है,इक बटवा है
कथ्थे चूने की डिब्या है
कहीं सरौता पड़ा हुआ है

नूर की बूंदें

टँगी है कोने में इक छत्री काली काली
जिसको चूहों ने क़तरा है जगह जगह से

इक लकड़ी की कुर्सी भी है
बूढ़ी सी और लंगड़ी लूली।

इस कमरे के इक कोने में
इक चौपाई पड़ी हुई है
अपनी क़िसमत को रोती है।

बिलकुल इसके बाज़ू में ही
बूढ़ा सा इक तख़्त रखा है
कीड़े जिसको चाट रहें हैं।

तख़्त के आगे बिलकुल आगे
चीते की इक खाल पड़ी है
भुंसा भर के रखा हुआ था जिस के अंदर

नूर की बूंदें

अब तो वो चूहों का एक मोहल्ला है

कुछ हिरनो के सर भी हैं दीवार पे लटके अब तक
जिनके ऊपर अब चिड़यों ने अपने अपने ताजमहल तामीर किये हैं।

कुछ तलवारें ख़ूँ की प्यासी प्यास बुझाने तड़प रहीं हैं।

इक तोते का पिंजरा भी है
एक सुराही रखी हुई है।

इक बीमार सा हुक्का भी है
खांसता रहता है जो अब
शायद कैंसर ने इसको भी जकडा है।

इक लकड़ी की अलमारी भी कोने में खामोश खड़ी है।
जिस में कुछ बोसीदा कपडे रखे हुए हैं।

इक संदूक है जिसके अंदर कुछ ज़ेवर हैं।
जिनकी क़ीमत अब बाज़ार में कुछ भी नहीं।

नूर की बूंदें

कुछ जर्मन और कांसे पीतल के बर्तन भी रख्खे हैं।

एक तिजोरी भी रख्खी है।
जिसको देख के अब तक सारी चीज़ें जलती हैं।

इक ना बीना चश्मा भी है।
इक पगड़ी भी रखी हुई है

कुछ जूते चप्पल भी हैं जो
औंधे चित्ते लेटे हैं।

टूटे फूटे से इक दो हाथ के पंखे भी हैं।

और इक ताक़ में चंद किताबें
भूकी प्यासी चीख रहीं हैं।

इक कोने में कुछ तस्वीरें पड़ी हुई हैं।
मेरे पुरखों की तस्वीरें।

नूर की बूंदें

जिनके ऊपर धुल जमी है।

पुरखों की ये शान ओ शौकत
इक कमरे में बंद पड़ी है।

क़ातिल

डायरी रोज़ बुलाती है मुझे लिखने को

एक मुद्दत से कोई शेर नहीं लिख्खा है

मरे सीने में भी इक दर्द उठा जाता है

तेरी यादें भी बहोत ज़ेहन में चिल्लाती हैं

पेन कागज़ मैं लूँ

और कोई नया शेर लिखूं

बैठ जाता हूँ सो मैं डायरी अपनी लेकर

मिसरे लिखता हूँ

मिटाता हूँ

मैं फिर लिखता हूँ

फैंक देता हूँ फीर उन मिसरों के कागज़ को मैं गोला कर के

फिर मेरे कमरे से

आहों की सदा आती है

नूर की बूंदें

देखता हूँ

तो वही सारे अधूरे मिसरे

डस्टबिन में पड़े दम तोड़ रहे होते हैं

मैं पस ओ पेश में पड जाता हूँ

उस लम्हा तब

और समझ में नहीं आता है मुझे इतना भी

मैं के शायर हूँ कोई

या के कोई क़ातिल हूँ।

नूर की बूंदें

जल्द बाज़ी

आज फिर
मैं आफिस से
घर को लेट पहोंचा था
डोर बेल बजाते ही
झटपटा के आई वो
उसने
मुस्कुरा के फिर
बेग हाथ से लेकर
कह दिया के
फ्रेश होजाओ
मैं ने
आप की ख़ातिर
आपकी वो फेवरेट डिश

नूर की बूंदें

आज फिर पकाई है
मेरी भूक हद दर्जा बढ़ गई थी
सो मैं ने
आज खाना खाने में
फिर से जल्दबाज़ी की
भूल बैठा के वो भी अब तलक के भूकी है।।।

धुन

जब से खोली है आंख दुनिया में।

एक ही धुन सवार रहती है

जिस्म का ख़ौल जो मिला है मुझे

सांस ले ले के तोड़ दूँ इस को

और धरती की गोद में चुप चाप

आ के सो जाऊँ......

मैं अमर हो जाऊँ.........

ज़िंदा लाश

अब तलक गर्म पड़ी है मेरी नींदों की राख

इतनी जल्दी मेरी आँखों को कोई ख़्वाब न दे

तुझ को मलूम नहीँ है तो बताता हूँ मैं

मेरे कमरे में हैं बिखरी हुई यादें तेरी

इसकी रग रग में अभी तक है तेरे लम्स की बू

इसकी साँसों में अभी तक है तेरी रानाई

इसके कानों में महकती हैं तेरी आवाज़ें

फ़र्श पर रौशनी फैली है तेरे क़दमों की

तेरी पाज़ेब की झंकार मोअत्तर है अभी

इसकी दीवारें तेरा अक्स समेटे हुए है

आईने में है तेरा हुस्न अभी भी रौशन

अब भी लेटी है थकन तेरी , मेरे बिस्तर पर

तेरी परछाई सी दहलीज़ पे बैठी हुई है

नूर की बूंदें

तू ही बतला के तुझे भूलूँ तो कैसे भूलूँ
तेरे ग़म में मुझे बर्बाद तो हो लेने दे
दो घड़ी आ के तेरी क़ब्र पे रो लेने दे

तुझ को मालूम नहीं है तो बताता हूँ मैं
मौत ने सिर्फ़ तुझी को ही नहीं मारा है
बन गया हूँ मैं तेरी मौत से इक ज़िंदा लाश
और मेरी रूह तेरी क़ब्र में लेटी हुई है

APPENDIX

)अज़ीम है तेरा ख़ुदाफ़क़ीरी बादशाही के उसूलों पर नहीं चलती

2)कुछ नया काम नए तौर से करने के लिए

3)मुद्दत से जो बंद पड़ा था आज वो कमरा खोल दिया।

4)फसादों से उख़ुवत की जड़ें कमज़ोर होती हैं।

5)एक आवारा सी परछाई का साया मैं हूँ।

6)जिस तरह धुप का रंगत पे असर पड़ता है।

7)हमारे दिल में यादों को सलीके से रखा जाए।

8)जिस्म में खूं की रवानी का मज़ा आएगा।

9)नज़र को भाए जो मंज़र,पहन के निकला है।

10)जो भी शिकवा है गिला है वो बताया भी कर।

11)हवेली, खेत , कारोबार , पैसा माँग लेते हैं !

12)" बशीर बद्र " की ग़ज़लें सुना रहा था मैं।

13)सितारे लफ़्ज़ों के काग़ज़ पे जब बिखरते हैं।

14)मेरी फ़रयाद सुनो , आओ बचा लो मुझ को

15)रह के मक्कारों में मक्कार हुई है दुनिया

16)दर्द देगी ख़ून के आँसू रुलाएगी मुझे।

17)ठोकरें खाई हैं , नींदें भी गंवाई मैं ने।

18)तेरे कहने के मुताबिक रंग बदलता ही नहीं।

19)तान कर सीने को चलने ही नहीं देती मुझे।

20)रतजगे करते रहे और लहू थूका है।

21)अपनी अपनी ही धुन में खो गए हैं

22)घर के ताक़ों में चराग़ों को सजाते रहना

23)भूक बढ़ती है तो घर बेच के खा जाते हैं ।

24)धीरे धीरे क़ब्र के अंदर तलक पहुंचाएँगी।

25)मैं ने ये जब सुना तो मेरा दिल दहल गया।

26)आग सीने में बड़ी तेज़ जला रख्खी है।

27)थकी थकी सी उमीदों के बाब खुलने लगे।

28)मेरे बच्चे बड़े होने लगे हैं।

29)मेरा जो ना हुआ,तेरा हुआ है।

30)जब मैं तुम से दूर नहीं था।

नूर की बूंदें

1)तो फिर मैं ज़िंदगी की जंग भी हारा नहीं होता।

2)मेरा वजूद बिखरने के बाद सोचेंगे।

3)धरती अम्बर एक बराबर सोना पीतल इक जैसे।

4)इतनी आसानी से फंदे में नहीं आएगी।

5)फटा कम्बल पहेन कर घूमता था।

6)मैं गदागर हूँ तू सुलतान बना ले मुझ को।

7)ज़रा करीब तुम आओ तो बात आगे बढ़े।

8)सारे बे-रंग मकानों को नया रंग दिया।

9)उदास शाम सा,खाली गिलास की सूरत।

0)पाओं की धूल को दस्तार से लड़ना होगा।

1)जुल्म के हाथ से तलवार गिरानी होगी।

2)वफ़ा का दर्द ज़बाँ से बयाँ नहीं होता।

3)इनकेसारि में गुज़ारा तो नहीं होता है।

4)मेरे अज़ीज़ तुम्हारी दुवा से ज़िंदा हूँ।

5)जूनून ओ शौक़ का अलबम समेट रखता हूँ।

6)मैं अपने घर में तनहा हो गया हूँ।

7)ज़र्द पत्ते हैं तो शाखों से गिरा दे हम को।

8)हम अपने दिल में यु ग़म का पिटारा बाँध लेते हैं।

49)बज़ाहिर खुश हूँ मैं,हँसता हुवा हूँ।

50)बादशाहों से वज़ीरों से नहीं मांगते हैं।

51)सियाह रात गुलाबी गुलाबी हो जाए।

52)चराग़ ए जिस्म बुझा है , बुझे नहीं हैं हम

53)दिल से निकली हुई सदाएँ हैं।

54)तू मोहब्बत से अगर साफ मुकर जाएगा

55)चल अँधेरे के मुंह को काला कर

नज़्में / कविताएँ

56)शायर

57)उदास चाँद

58)वक़्त

59)वस्ल

60)गुज़ारिश

61)रिश्ता

62)ख़ामोशी

63)मेरी इक नज़्म

64)इलाही रहम कर मुझ पर